চণ্ডালের খেলা

চণ্ডালের খেলা

চণ্ডালের খেলা

শিবশংকর পাল

SHAMBHABI
The Third Eye Imprint

Chandaler Khela
A collection of Bangla Sonnets by Sibsankar Pal

শাম্ববী কর্তৃক প্রকাশিত

ঠিকানা: এ-১০/১, অমরাবতী, সোদপুর, কলকাতা ৭০০১১০
Email: thethirdeyeimprint@gmail.com

প্রথম প্রকাশ: অক্টোবর ২০১৭ (October, 2017)
গ্রন্থস্বত্ব: নন্দিতা পাল
প্রচ্ছদ: সমীরণ ঘোষ

বিনিময়: ১৮০ টাকা | US Dollar 8.99
ISBN-13: 9789385782428

আদ্যন্ত লোকায়ত অথচ আন্তর্জাতিক এক গানের মানুষ, প্রাণের মানুষ, ভালোবাসার মানুষ, ভালো ভাষার মানুষ—যাঁর ছায়ায় এক দণ্ড বসলে জীবনের কঠিন লড়াইগুলোকে অতি তুচ্ছ মনে হয় সেই সুধীর চক্রবর্তী-র হাতে এই সামান্য বইটি তুলে দিতে পেরে নিজেকে ধন্য করে নিলাম।

সূচি

চণ্ডালের প্রেম

চণ্ডালের খেলা

চণ্ডালের খুব বমি পাচ্ছে এখন

খুব গভীর থেকে পাক খেয়ে খেয়ে উপরের দিকে উঠে আসতে চাইছে। কিন্তু পারছে না। একটা প্রখর প্রসর উচ্চচাপ, কিম্বা তার থেকেও শক্তিশালী কোনো কৃষ্ণগহ্বর উলটেপালটে দেওয়া জ্যোতির্লোক পাক খাচ্ছে। নিদেন একটা ছাউনি, দাঁড়াবার ভূমিচাতাল নেই। এত ঠাণ্ডা লাগছে কেন? জ্বরে কি গা পুড়ে যাচ্ছে? ঠাণ্ডা হাতের কোমল সেবার কোনো উপশম নেই তার। সমুদ্র উথালপাতাল, গিলে খাচ্ছে তটরেখা। শরীরও বিপুল ঢেউ ভাঙছে। আছড়াচ্ছে। শিকার গ্রাস করছে ময়াল। হাত পা দেহভাঙ ঢুকে যাচ্ছে তার লম্বা গ্রাসের ভেতর। মারণ-কষ্টে বুক ফেটে চৌচির। অথচ পাহাড়ের নিচে শায়িত শান্ত নিরালা তীরভূমিতে আছড়ে পড়ার কথা ছিল লবণাক্ত উর্মিল পাথারের। দলা পাকানো একটা যন্ত্রণা তাঁকে আষ্টেপৃষ্ঠে জড়িয়ে ধরছে। সেই কষ্টের ভেতর সে কেবলই পাক খেয়ে চলেছে। কিন্তু মুক্তি পাচ্ছে না। এই অবিরাম যন্ত্রণাযাপনের সমস্ত পরিসরটুকু পাইথনের হাঁ-মুখে চলে যাচ্ছে। বেরিয়ে আসতে পারছে না সে। বেরিয়ে আসতে পারছে না সেই মরণাধিক বিবর থেকে।

বেশ কয়েক বছর—বছর নয়, দশক—সে কেবল মাঠের বাইরে বাইরে দৌড়ে বেড়িয়েছে। চারপাশে নিয়ম লঙ্ঘনকারী রেফারিরা বাঁশি বাজিয়ে চলেছে উলটোপালটা। লাইনসম্যানের ডাণ্ডা তাড়া করেছে তাঁর নিরীহ ছায়াকেও। কোথায় মাঝমাঠ? কোথায় খেলা? মাঠই তো বেদখল! প্রহেলিকার মতো কেবল ইস্পাতের অট্টালিকা। প্রহরীবেষ্টিত। বেয়নেটে ঝলসে যাচ্ছে সূর্য। শুরুর আগেই খেলা ভণ্ডুল করে অট্টালিকায় বসে খেলুড়ের দল লেজুড়ে হয়ে গান গাইছে। বৃন্দগান। চেয়ারের চারপাশে তাঁদের সেই বিকৃত সুর ছড়িয়ে পড়ছে। বিকট মদ গিলে মাতালেরা ছোটো চেয়ার বড়ো চেয়ার জড়িয়ে ধরে ভেউ ভেউ করে কাঁদছে। আর চেয়ারগুলো

একটার পর একটা মুকুট বিলোচ্ছে। লোফালুফির খেলায় মত্ত যাঁরা, নিমেষে বদলে ফেলছে জার্সির রঙ, ঢঙ, আদবকায়দা। যে পড়ে যাচ্ছে তাঁকে থেঁতলে দিয়ে বাকিরা খেলে যাচ্ছে। চারপাশে উদোম ভিড়। থালা হাতে ভিখিরির দল 'আমাকে দাও, আমাকে দাও' বলে বাতাস খামচে ধরছে। না পেলে চোখ রাঙাচ্ছে। চোখে রঙ কোথায় যে রাঙাবে? ও রঙ তো ঘোলা! মরার চোখ! ঘোর অনটন। মন্বন্তর। ছিয়াত্তর। তেতাল্লিশ। সতেরো। আর কতকাল এভাবে মন্বন্তর বুক ভেঙে দেবে কে জানে!

না, তাঁর দৈনন্দিন মাছভাতে কোনো ঘাটতি ছিল না। ধমনিতে কমতি ছিল না রক্তের যোগান। তবু কেন খেলায় বাদ পড়ে সে? বাদ সত্যি পড়ে? নাকি সে নিজেই খেলা ভণ্ডুল করতে চায়। তবে সে কী চায়? সবাই যা চায়, সে কেন তা চায় না? এর যোগ্য জবাব আছে কি তাঁর কাছে? বন্ধুরা তো জানিয়েই দিয়েছে লোকটা নুলো নয়। তবে? তাঁর নামের আগে পিছে খ্যাতির দেশি বিলিতি চমকঠমক নেই। কেউকেটা হতে চাইলে কে করত মানা? করেছিল কি কেউ? তাঁর কি কেউ অভিভাবক ছিল না? নাকি স্বয়মাগত নির্দেশের পর নির্দেশে সে শ্মশানে রাত জেগে জেগে ধুনি জ্বালাবার চেষ্টায় নিরত থেকেছে কেবল? লোকটা আদতে নেহাত চণ্ডাল, কাঙাল। কাঙাল চণ্ডাল কেন এত অহংকারী হয়ে উঠছে? যে অহংকার আকাশ ফুঁড়ে নক্ষত্র ধরতে চায়! কেন? অহংকার কি বেঁচেবর্তে থাকার অক্সিজেন? অরণ্যের হিংস্র কোনো জন্তুকে পোষ মানানোর মতো কি সে যন্ত্রণাকেও গবাদি পশু করে তুলতে চাইছে? নাকি ভেতরে ভেতরে চণ্ডাল নিজের অপারগতাকে আড়াল করতে জীবনকে নাটক বানাচ্ছে? এও তো অহংকার! এর জন্ম কোন অতল অন্ধকারে? চণ্ডাল কিছু উগরে দেওয়ার চেষ্টা করছে। এ কি তাঁর হতোদ্যম নিরুপায়তা! বিনাশের শেষ অস্থিভস্ম! ভস্ম ভরা কলস নিয়ে সে কোন জনপদে ফিরে যেতে চায়?

চণ্ডাল দেখছে যে কোনো আলোকে উঠোনের আরামে দাঁড় করাতে গেলে জন্তুগুলো আপনতর ছায়াদের গিলে খায়। নতুবা ছায়ার পিছনে প্রেতকায়াকে তত্ত্বের অভিধার মতো জুড়ে দেয়, যেন সে তাকে পোষ মানাবে। হালের বলদ বানিয়ে ছেড়ে দেবে ফসলের মাঠে। এ নষ্টামি করতে না পারলে তারা ফরসা সকাল বিকালগুলোর গায়ে কাদা ছুড়ে দেয়। ভোরের গাছপালা ভেদ করে যে নরম আলোটি আসে হলুদ পাখির ডানা ছুঁয়ে তার কোনো নাম হয়? কিচিরমিচির কোন রাগরাগিণীর সংস্করণ? কোন অভিধায় গান হয় ফসলের? ধান্যক্ষেত্রের আলের চৌসীমানায় ক্ষিদের যে উপশম ফুটে থাকে চণ্ডাল তার পার্থিব নাম দিয়েছে প্রেম। পাথরের সোনার বাটি বলে কি তাকে! প্রেমের জন্য একটা আকাশ একটা নদী আর শ্মশানের বিনাশমান মুখোশহীন মুখই কি যথেষ্ট নয়? এর বেশি নক্ষত্র তো চণ্ডাল চায় না। তার একটাই দাবি। চোখের গভীরতর মনোযোগ থেকে সমুদ্রকে শুষে নেওয়ার তেষ্টা। পোশাকি নামে যাকে হৃদয়সংবাদ বলে। এটুকু পেলে চণ্ডাল কী না করতে পারে! চুল্লির খাটিয়ায় শবাসনে থেকেও জন্তুগুলোকে সে জুতে দিতে চায় হালে। যেখানে ফসলের মাঠ কেঁদে ওঠে বিপুল বিভ্রমে, সেখানে ছুটে যায় চণ্ডালের মায়া ভরা ছায়া। সেই সর্বস্বখাকি প্রেম দিয়ে কাঙাল মাঠকে সে সাপের মতো গেলে। তারপর সে বাঁচলো কি মরলো তার আর দেখার দায় নেই। সে তো আর ভাগাড়ের শকুন নয়। সে যে চণ্ডাল, আজন্ম কাঙাল। অস্থিভস্মের কলস তুলে দিতে চায় ভবিষ্যৎ দেয়ালের হাতে।

কদিন ধরে চণ্ডালের খুব বমি পাচ্ছে। খুউব। নাভিমূল থেকে একটা টাইফুন পাক খেয়ে খেয়ে উপরে উঠে আসতে চাইছে। চরাচর অস্থির। হাওয়া এখনও তেমন ওঠেনি। ইতিউতি কুটো উড়ছে। ধুলো পাক খাচ্ছে। ঝড়টা কি বেমালুম পাততাড়ি গোটালো? কোথায় বজ্রবিদ্যুৎ? অঝোর বৃষ্টি কোথায়? সমুদ্র তো শান্ত! জাহাজ তো ডুবছে না! ইস্পাতের বাড়িগুলো আরও

ঝকমক করে উঠছে। প্রহরীরা আরও সজাগ। আকাশ ঢেকে গিয়েছে ম্যাজিক চাঁদোয়ায়। রোদের গায়ে ধুম জ্বর। চড়চড় করে জ্বর বাড়ছে। থার্মোমিটার ভেঙে পারা মাথায় উঠছে। ভিষকের ব্যাগে গজগজ করছে নোট। খুব আনচান লাগছে তাঁর। চণ্ডাল চারপাশে তাকাচ্ছে। কেউ কোথাও নেই। শূন্যতা এমন করে গিলে নিয়েছে পাদপাতের জমি? কী করবে সে? কাকে ডাকবে? কে আসবে? কে ওষুধ জোগাবে মুমূর্ষুর মুখে? স্ট্রেচারগুলো খাটিয়া হয়ে দাঁত বের করে হাসছে। 'ব্রেভো ব্রেভো' বলে চারপাশে প্রেতেরা হাততালি দিচ্ছে। কী করবে বুঝে উঠতে পারছে না চণ্ডাল।

চণ্ডাল দেখছে বোদলেয়ারের আলবাট্রাস জাহাজের ডেকের উপর ঝাঁপিয়ে পড়ে আত্মহত্যা করছে। বোদলেয়ার দেখছেন, না-আসা বৃষ্টির ছাঁটগুলো জেলখানার গরাদ হয়ে তাঁকেই গিলে ফেলছে। কালিদাস দেখছেন, স্বয়মাগতা শকুন্তলাকে নাগরিক সম্রাট ফিরিয়ে দিচ্ছেন। শকুন্তলাকে ঘিরছে অচেনা কালো কালো বৃষ্টির ছাঁট। কালিদাস ফিরে যাচ্ছেন দণ্ডকারণ্যে। বসন্তসেনার ঘরে আজ শূন্যতা। কারা তাকে তুলে নিয়ে গেছে পরিত্যক্ত কারখানায়। বর্শার মতো অসংখ্য শিশ্নের আঘাতে আঘাতে অচেতন! শেষবার নিঃশ্বাস নিয়ে পালিয়ে যেতে সক্ষম হলো না পথবধূ। এদিকে অচেনা অসুখ নিয়ে ফিরে গিয়েছেন বণিক। শূদ্রক ঘরে বসে বাসি রুটি চিবোচ্ছেন আর গাল পাড়ছেন।

সক্রেটিস চণ্ডালকে ডেকে কেবলই হেমলক পান করতে বলে চলে গিয়েছেন আতান্তরের গ্রহে। আঁরিস্ততল ছাত্র পড়ানো ছেড়ে ক্রিয়াহীন মাঠের মাঝখান দিয়ে হাঁটছেন। হাঁটছেন। হাঁটছেন। সবাই তাঁকে কুর্নিশ করলো যদিচ। রাত গভীর থেকে অতল হচ্ছে। পিতামহ পেঁচা এখন জীবনানন্দের সঙ্গে রাত কাটাবে। গায়ত্রীমন্ত্র পড়বে বলে পাড়াগাঁয়ের চাতালে বসে বিনয় চাকা বানাচ্ছে। শক্তির মত্ততায় শিউলিতলার ফুলগুলো

এখন বাসি। লালগোলা বনগাঁর মাসিপিসিরা বোনপো বোনঝিদের নিয়ে পটাপট সেঁধিয়ে যাচ্ছে মেট্রোপলিসের রঙখড়ের গাদায়। গাঙুরের জলে একটা ভেলা ভাসলো। চণ্ডালের লাশ নিয়ে ভেসে যাচ্ছে। সে ভেলায় আর কেউ নেই। রাতের লেপে শুয়ে থাকা সূর্য ক্রমশ উত্তাপ হারাচ্ছে। শীতল বাতাসে বুকের ভেতর হু হু করে কাঁপছে। জমাট বাধছে হিম। চরাচর জুড়ে শুধু হিম কাচের টুকরো। কোথাও মানব নেই। চারদিক তুষারে ঢাকা। এত সফেদ শূন্যতা দেখে চণ্ডাল সন্ত্রস্ত। নিজের অস্থিভস্ম নিয়ে নিজেই ফিরে আসছে। তাঁর দুচোখে খুব খুউব মায়া, কাজলের মতো ধেবড়ে আছে। ওঁর চোখ কি জ্বালা করছে?

ব্রহ্মাণ্ড সমান বমি উগরে দিতে পারলে চিতার আগুন বুকে নিয়ে শুয়ে থাকা যেত। চণ্ডালের সত্যি সত্যি খুব বমি পাচ্ছে এখন।

চণ্ডালের প্রেম

দর্জিকথন

দূরে আবছায়া রোদ ঠেলে হাঁটছে প্রাক ও পুরাণ
গাছ তার আবডাল ফেলে চিতিয়ে দাঁড়িয়ে আছে
অন্ধকারে কার কান্না শুনে শ্মশানের অগ্নিবাণ
কাকে পোড়ায় কার ছিন্ন তাল কে শুধু ভেতরে নাচে

করপুটে ফুটে থাকা ফুল ছবি থেকে ফিরে আসে
আসে কি কোনোদিন অনন্ত দেয়ালের ডানা ছুঁয়ে
বোলো বাড়িয়েছি হাত দেখো নিশুত রাতের আকাশে
পুরোনো দর্জির রিফুয়ালি দৈবের মতো থাকে শুয়ে

জীর্ণ শার্টের হাতায় মাথা ভরা মেঘবৃষ্টিজল
তুমুল শ্রাবণ জানে ও বিষ কুঁয়োতলা কী অতল
নিভন্ত জটিল রেখাচিত্র পাশে তার শব বাঁধা
দেহভাণ্ড পুড়ে যায় মিড় মূর্ছনা আহত কাঁধে

চাপে মুদ্রা আঁকে নদীচর তার রোদপোড়া মুখ
ভিষকের চুপিসাড়ে সুখ বিষাদপ্রাচীর ভাঙুক

জলপ্রপাত

শিয়রে আয়না জ্বলে একটি প্রপাত
দেখি তার কোনো উৎসভূমি দেখা
যায় না অপ্রমেয় পা জিঘাংসার হাত
আড়াল নয় বৃক্ষের জাফরি ভরা একা

রৌদ্রকণিকায় পাশে প্রবীণ আঁধার
ডাকে অন্ধকারে জ্বলে গীতাপরিমাণ
জ্যোতিষ্কের কণা পদতলে বয় কার
ভূমিচাতাল ক্রমশ কাঁপে কেন ত্রাণ
শত্রুদের শিরস্ত্রাণ খসে গিয়ে যত
তরবারি নদী হয় ধরে উপত্যকা
মায়াবি আলের পাশে কে নাচে উদ্ধত
তারা কি অক্ষর সব কী সেলামি সখা

না কি বিমাপ্রথা খোয়াবের দোর খুলে
দেয় একটি প্রপাত আমি থাকি ঝুলে

দারুমূর্তি জ্বলে যায়

এই পথ কি বিক্ষত কাঁটাগাছ দেখছি যত বিষধুলো ছিল আগে
কেন ভরে যায় চোখ আগুন ঝরানো রোখ জেগেছিল কার আগে
কুঁয়োতলা তুমি জানো পাখিদের পোষ মানো দিঘি ভরা যত ছল
ভুলে যাও গান বৃষ্টি সনাতন করো সৃষ্টি কীভাবে ভরেছ জল
ভেলা চড়ে শব যায় দেবসভা টলে যায় এ জীবন নেবে খোঁজ
চশমা জেনেছে কে যে কতখানি অন্ধ সে যে রেখাটি কেন নিখোঁজ
ওপারে অন্নদা গানে পাটুনির সেঁউতি জানে দুধে ভাতে কতজন
তবু পাখি গান গায় নশ্বর ভাতের থালায় স্বপ্ন ভেঙে যায় যখন

বিসর্জন পাতা ফুল সকালে রোদে আকুল হেঁটে যায় হরকরা
যে ডাক শোনেনি কেউ বালির ভিতরে ঢেউ মরণের তবু খরা
আকাশ উপুড় হলে বৃষ্টির বিষাদ ঢালে দূরে পড়ে থাকে লোটা
বারতা বিধুর বলে শিরোনাম ডালে ঝোলে তবু কে আঁকে সাঁকোটা

শান্তিজল পাখি ওড়া মাথার ভেতরে গড়া দারুমূর্তি জ্বলে যায়
অনাগত ঠোঁট গত জন্মের খোলস যত চণ্ড নিশানা চেনায়

চাবি

বাঁদিকে ঘুরিয়ে তালা থেকে চাবি বের করে নিলে
কেন যেন মনে হয় যত হাড়গোড় এ নিখিলে
ফোকটে নিলাম হয়ে যায় পরমের ডালপালা
সহ ক্ষীণ নক্ষত্রের মাঝে ঝোলে শুধু এক থালা
দূরতম কিনারের আলো নেই রুদ্র চেনা অবতল
সুর থেকে ভোরকাল মূর্ছনা আর নক্ষত্রজল
মুছে যায় শুয়ে থাকে নিরালম্ব পিপাসার হাত
কেন লেখা হয় ছবি হাসপাতালের নীরব রাত

এ বাক্সে ছিল না তালা দুচারটে ভোজবাজি ভয়
এই হাত উপসিয়া প্রাসঙ্গিক বিছানা বিস্ময়
সেলুনবাগিচা ঘিরে আছে ঘিলু আর কিছু বোধ
প্রজন্মের সূত্রধার বালিঘড়ি ধারদেনা শোধ
বিপরীত ঘুরে গেলে মনে হয় আকাশ দু-ফাঁক
আদি নক্ষত্র মণ্ডল লাফ মারে উন্মাদ অবাক

হরিদাস পালের ছড়া

ধামা বলছে খরা এখন বীজ বুনে লাভ নেই
হৃৎকমলের শব্দগুলো তুখোড় হলো যেই

কবিরা তাই চেয়ার ধরে কেন্দ্র কিম্বা রাজ্যে
দুই ফুলেরই এক মালি ভাই স্বপ্ন মৃত আজ যে

পায়ে পায়ে পথ চলে না পথের ভুলে শূল
সচ্ছে দিনের পারাবত আর শান্তিদিনের কূল

বদলে গেছে দিনগুলো সব কাকতাড়ুয়া একা
দুই পারে দুই রুইকাতলা কবির সঙ্গে দেখা

রুইকাতলা চেয়ার নিয়ে পক্ষ প্রতিপক্ষ
দাদাদিদির লীলা দেখে ফুলছে তাদের বক্ষ

কবির মাথায় সত্যি খরা কবির সর্বনাশ
কলম এখন দোষের ভাগী নসিব কারাবাস

কলির কথা কী কহিবে রচেন কাব্যখানি
ভণেন কবি পাল হরিদাস এ যুগের বাখানি

খোলা ভাঙার গান

খোলা ভাঙে নিঃস্ব দানা হাত তবু ছোঁড়ে অকস্মাৎ
মাটিতে আকাশ পেতে পাঁজরে পাথর চলাচল
মুঠো ভরা ভুল সুর কেঁপে যায় জীবন বেহাত
পরমান্ন হয়ে ওঠে কেন না পড়া চোখের জল

গহন গামছা ভিজে গেলে বিরহীরা ঝুঁকে পড়ে
অস্থির চাতালে বসে শোনে তারা পায়ের কনসার্ট
দূরত্বের মায়াঘাট পেরেকে টাঙানো কাপড়ের
বৈধব্য খসিয়ে উল্কি আঁকে স্তনে তলপেটে স্মার্ট

বাকি সব মিথ্যে ফণা নদীদেহ ভুল পথ ছেড়ে
ছুঁয়ে যায় অবোধের মৃতসভা ভ্রষ্ট কবিকাল
ফুটপাথে ঝরে গিয়ে যে শ্রাবণ বিকেলেই ফেরে
মৃতভারে ফুটে থাকে অনির্বাণ ক্ষেতের সকাল

জলের কলস রক্তমাখা একা আনাড়ি চণ্ডাল
তারই চিতাবহ্নি লেখে ভঙ্গ বণিকের বানচাল

চাঁড়ালকথা

চাঁড়ালদেহপটে সনে বাউল গেয়েছি গত জন্মে
এ জন্মে বাতাসে লিখব রাই শ্মশানের অ্যালবাম
হেঁটে যেতে যেতে তুমি দেখো পথজোড়া বায়োস্কোপ
চোখ ভর্তি নুনজল কচিডাব অন্তরমহল

শহরের মিউজিয়াম দেখাবে হাড়গোড়ের শিল্প
জপমালা আর তুমি দেখবে কীভাবে কুয়াশা ভেদ
করে গ্রহান্তররোদ ঠিকঠাক চিনে নিচ্ছে তার
রিফু করা জামা আর মাছেরা ফেরত যাচ্ছে ঠিক

সরল সমুদ্রে হরিবোল রঙ ভেদ করে গাছ
জড়িয়ে ধরেছে সেই কথা গান শীতের চাঁদোয়া
অনাদায়ী ব্যথা বাঁধ ভাঙে হারে চাপে চৌদোলায়
কুটো ভেসে যায় হিমস্তর জলে কাঁপে শস্যদানা

চতুর্দিকে ওড়ে শুধু রঙখড় দিব্য প্রতিশ্রুতি
আঁধারের ঘরবাড়ি কী দিয়ে সাজাব চিতাদেহ

বীজজন্ম

ছায়াগানে ঘেরা আছে আমাদের বন
হলুদ পাখিটি তুই মাখিস চন্দন
আর আছে রাত জাগা নদীখানি হার
আমার জীবন বহে এপার ওপার
পয়ারে বেঁধেছি তোকে ও মেয়ে তুই-ই
সারা রাত জেগে থাকি রাত ফেংশুই
তোমার দখিন দ্বারে যে এসেছে আজ
আগুনে ফাগুনে চৈত্র হৃদপোড়া বাজ

চল তবে দেখা হবে সোনালি আঁচল
উড়িয়ে পুড়িয়ে দিই বাজে মেঘমাদল
পয়ারে রেঁধেছি আজ ঘরের ব্যঞ্জন
তুই বুঝি উপসিয়া দীঘল অঞ্জন
স্বরে স্বরে হোক কথা ব্যঞ্জনে ফেরারি
স্বপ্নেরা জোটায় খুদ বীজজন্ম ভারি

জিপসবালিকা

জিপসবালিকা আমিই তোকে পার করাবো গ্রাম্য নদী
আমিই তোকে পরিয়ে দেবো সর্ষে খেতের অলখ ঝোলা
ন্যাকড়াবাজি করবো না আর জলের মধ্যে আগুন খেলা
শিকড়মূলে নিত্য নতুন পাই যদি তোর মারণ হদিশ

টিন-টুয়েন্টির ঝরনাতলায় আকাশ শুদ্ধ ভিজবো বলে
খিল খুলেছি হৃদকপাটের আমায় এখন না বলিস না
মেঘের ভেতর মেঘ হয়েছি বজ্রবিদ্যুৎ ঝড় ঝাপটা
শিমুল পলাশ ফাগুন দুপুর মাথার মধ্যে যাচ্ছে গলে

শাপশাপান্ত রাস্তা জুড়ে শ্মশানবৃক্ষ বোধির আলো
জলের তেষ্টা বালির বুকে নদীর এখন পথ ফুরালো
হিমশৈলের মগ্ন বিপুল গলছে এখন বুকের মাঝে
ধ্রুবের সাধন রাস্তা জুড়ে মৃত্যু জুড়ে বীণা বাজে

আমি যখন ফুল তুলেছি জিপসবালিকা তোরই জন্য
শুকতারাটি চোখ খুলেছে এই সকালও দারুণ বন্য

জাদুজল

ছায়া দিয়ে বেঁধে রাখি নশ্বর পলাশ
চাঁদ ওঠে রাঙা নাও দিগন্ত মাথায়
হানা দেয় ভেতো রাত রোজ হয় লাশ
চোখ ভরা হিমজল নিভৃতি জাগায়

গতরের নষ্টকথা খুব পড়ে যারা
তাদেরও মাথায় ছাতা ধরে কেউ তবু
গলির কুকুর যত ডাকে আত্মহারা
রোদ খেতে চলে আসে বর্ষা জবুথবু

দোষঘাট কম কিছু ছিল না মোটেই
বায়ুশূন্য পৃথিবীকে পাক মেরে ফিরি
পালিত চেয়ারখানা তার পায়ে পায়ে
নিরালম্ব দিঘিজল সবটাই বেড়ি

জাদুজলে ভেসে ওঠে এ খোয়াবি চাঁদ
খেলব না ছুঁমন্তর আমারই বরবাদ

কলকাতা নামে একটি অকবিতা

(সুমন্তিকা বন্দ্যোপাধ্যায় ও সুবর্ণা লামার জোড়া মৃত্যু স্মরণে রেখে। ৪/১/১৫)

জ্বর গায়ে বসে আছে কুলটা এ শীত

প্রাঞ্জল ভোরবেলা একী কুৎসিত

তোর কী কথা ছিল ভুলে গেলি তুই

এক সাথে শোয়াবসা রাতে ফোটে জুঁই

কলকাতা কত খাবি আমাকেই খা না

একুশে উনিশ বিষ আর তো পারি না

কোলেপিঠে গান ছবি ফাইভ ও সিক্স

পছন্দের প্রেসিডেন্সি এমএসসি ফিজিক্স

কাল ছিল কোল ভরা আজই মেনকা

নিরুত্তর মহানগর ভেসে যায় একা

উনিশবিশ কত জ্বালা প্রতি ঘরে শঙ্কা

চেয়ার তো রাজসিক শুধু লবডঙ্কা

আমাদেরও ঘরে আছে টিনএজ তুবড়ি

হৃদি ভেসে যায় ছন্দ ভাঙে মুখপুড়ি

তিন নম্বর পেজ

আমি বিষ খাবো এই নামে এক জীবন লিখলো
বেণীটি কলেজ ছেড়ে চলে গেছে রোদ্দুরের থাবা
থেকে রক্ত ঝরছে বৃষ্টি উদাসীন ষোলকলা পূর্ণ
হলো মা রান্না করছে উনোনে পুড়ছে খিদের
ডেডবডি আজ এসএমএস এলো ভণিতার মেয়েটি
লিখলো খেলাঘর ভেঙে গেলে পড়ে থাকে বালিয়াড়ি
নদী তাকে বুকে টেনে নেয় ওয়াশিংমেসিনে গিয়ে
মুছে যায় সঙ্গমের দাগ

                বিষ খাওয়া গাছ এখন
আকাশে মাথা তুলে ফুলের তীব্র পরাগ ছড়াচ্ছে
আর মাথা থেকে ঝরে পড়ছে পায়েস রান্নার ছড়া
আকাশে মস্ত পা ফেলেছে যে অস্তাচলে তার কোনো
ভয় নেই বিষভাণ্ড শেষ কারা খুব হাততালি
দিল মরা বাঁচা খাঁচার গল্পে কোনো উভটান নেই
থার্ড পেজ স্টোরি লিখে বেণীটি রোজ মরে আর বাঁচে

লবণপাহাড় থেকে

লবণপাহাড় থেকে নেমে এসে দেখি
পিপাসার বুক জুড়ে অগ্নি ধিকিধিকি
দুই স্তন্য ছুঁয়ে সেতু রাতের মিছিল
নিষ্পাপ বিছানা হিম তুলে দেয় খিল

প্রতি পর্যটনে চোখ যে আহ্লাদ খোঁজে
তার নাম ভালোবাসা সকলেই বোঝে
আমি বলি গাছ হোক তাই দেখে সুখ
ফুলের হাওয়া লেগে সারুক অসুখ

সুখ ও মুখ দুদিনের বাঁচা মরা তাও
সুখের ভেতর থেকে পাহাড় নামাও
সাঁকো ঠিক পেয়ে যাবে নিস্তারের গান
সড়কজীবন তার বাদবাকি ভাসান

যে নক্ষত্রে অগ্নিদাহ তার কি শোচনা
হৃদয় যে কালিদহ আর তো কিছু না

ওঙ্কারধ্বনি

সব রাস্তাই ঘাতক মরে কিম্বা মারে
চিতাসূত্র ছুঁয়ে পথ ঝুলেছে ওঙ্কারে

পাখি কিম্বা শক্তিশেল নিছকই বিজ্ঞান
সরণে লাগাম নেই পথও জানে গান

একটি আপেলে তবু থেকে যায় হাত
চরাচর প্রিয়তম গোপন আঘাত

মোমবাতি ব্যথা নয় খুব রুদ্র হোক
আমরা জ্বালাই তার অন্তরীণ শোক

পাখি কি ওড়ে সে শুধু জানায় ভাসান
পরকীয় দিঘিজলে বাঁধা বিসর্জন

নীড় শুধু আয়তন গভীরে আবেগ
চণ্ডালের স্বপ্নে ভাসে রাঙা কচি মেঘ

যে টিলায় চাঁদ ওঠে ভুলে গেলে কি তা
আচণ্ডালে গড়ে তোলে স্মরণীয় চিতা

শোক

দূর জলাভূমি থেকে ভেসে আসে শীতার্ত বাতাস
এখানে আরব্য দ্বিপ্রহর ছায়াহীন মৃত শ্বাস
খুলির ভিতর শব্দ করে বহমান ভূমি জানে
সেই সব কথা আমাদের চোখ ওড়ে হিম যানে
অনাবাদি নভে একা এক কাক কাঁপে থর থর
বাঘ নয় তবু হিংস্র তীব্র অলৌকিক গরগর
শুয়ে থাকা নদীচিত্র গেয়েছে হারানো গীত
তুমুল শ্রাবণ জানে গাছে গাছে কতখানি শীৎ

কারও জমে থাকে তবু ভাঙা দরোজা জানালা
উড়ে যায় বহু দূরে চাবিহীন তীব্র এক তালা
মুমূর্ষু শিকড় তাই আত্মীয়তা সেইখানে গোঁজে
আর সব ছিন্নভিন্ন দেহজপমালা মুণ্ডু খোঁজে

নগ্নরাত্রি ওম চায় আলিঙ্গন তীব্রতম হোক
চণ্ডাল আগুনে বাঁচে পড়ে থাকে পরিযায়ী শোক

গোলামনামা

খোলামের কুচি গোলামের রুজি
গেঁজেগুঁজে থাকে তারা খালধার
ভয় নিজে ভয় পায় হারবার
অনিত্য জীবনে দরোজা খুঁজি

খিল নেই পাট নেই আটঘাট
আছে জরা আছে মরা কদর্য
পেটে খিল পিঠে কিল মাৎসর্য
আজানে বাজানে মিলে চোটপাট

দল বেঁধে যদি চলে পথঘাট
লাইমলাইটে আসে লাশ হলে
বিধানসভায় যারা হাত তোলে
জেলে জুটে যায় শয়নের খাট

লালগোলা ধরে ঘরে ফেরে জামা
সকলেই ধরে সরকারি ধামা

বীজধর্ম

ঘুমের টুকরোগুলি চাঁদবনে ফুল হয়ে আছে
নিশুতি শরীর দ্বিধাহীন হাত পাতে দূরে কাছে
ভোরবেলা নদীজল মগ্নআলো গভীরতা চায়
চিরাচরিত বীজধর্ম কেবল আমাকে কেন খায়

বীজ জানে বিষকথা দ্বিপ্রহরে যামিনীযাপন
কমলালেবুর সেবা বোঝে কতখানি আলাপন
দুদণ্ড প্রপাত ঘিরে আজীবন জলচর ছায়া
ম্যাজিক জানে না ঘর কীভাবে বাঁচাবে কাচমায়া

এ নদী যদিচ অনাবিল কাকডানা ঘিরে রোদ
শবরী সমাধি খোঁড়ে কথকতা নিতান্ত আপদ

ভাসানের গান জানে সর্জনের অনাদি অনন্ত
দুঃখজরাদেহ মৃত মানে শুধু ফাল্গুনের সন্ত

কে কোথায় বাঁচে মরে দেখে শুধু কাঙাল চণ্ডাল
বীজরেখা ধরে চলে লোকায়ত না-ফোটা সকাল

রোদ ও রুটিগন্ধ

কত মাথা চাই বলো দেবো আদরবালিশ নদী
ভিক্ষাপাত্র শূন্যরোদ চার পুরুষের ত্রিনয়ন
দেরাজের ভাঙা চশমা ব্রাহ্মকাল পূর্ণ আচমন
সব দেবো হীরামন বোধে ফোটে যৌথফুল যদি

ভুল গ্রহের আকাশে সব প্রুফ দেখে দিতে পারি
হরিণের চোখ থেকে এনে দিতে পারি রোদগন্ধ
মাতাল পাদুটো থেকে খুলে দিতে পারি দ্বন্দ্ব
চণ্ডাল জানে কোথায় ছদ্ম বিলাপের পাততাড়ি

ভাঙে হাঁড়ি আর্ত ভূমি মৃত্যু দিয়ে গড়ে মনসিজ
সারি সারি চিতা খুঁড়ে ভস্ম থেকে তুলেছে খনিজ
আদি পথ ধরে ঝোড়ো হাওয়া আর সুতীব্র বাজ
আগুনের ভাঙা বাঁশি একা বাজে খুলে যায় তাজ

আকাশে রোদ উঠলে দিশাতুর জ্বলে অরণ্যানী
রুটিগন্ধ চাঁদমালায় চণ্ডাল বাজায় মৃত্যুখানি

নতুন বানান

রাত্রি নামে নেশাতুর জ্যোৎস্নার মশারি ভেদ করে
পাখিটির ঠোঁটও জেগে
                কণা কণা রাত ছুঁয়ে আছে
আজীবন জলগান পাতার ভিতরে স্বরে স্বরে
ধমনি পোড়ায়
                গ্রহজাল ছেঁড়ে
                        কারুনেত্র নাচে

খড়কুটো উড়িয়েছি আর যারা পাথরে পাথর
সুতীব্র রাত্রিও জাগরণে তামাদি হয় না কখনও
দর্পণে বৈধব্য রোদ গলে পড়ে
                        জানালা কাতর
নিগূঢ় বোকামি বলে কিছু থাক
                        পলিও শুকোনো

দুদিনের বীজঘর হেলাফেলা নদী নিদারুণ
বন্ধুতার অন্তর্গূঢ় হত্যাবিধিলিপি নিয়ে থাকি
ঘোলা জল
        মাথা নেই
                ঝরে যায় নিরিবিলি ভ্রূণ
মেঘের বিস্তারে কেন হঠযোগ ক্যানভাস আঁকি

প্রান্তরে বেঁধেছি ঘর পিছে দাবানল তবু টান
গাছের শাখায় থাক পাখিদের নতুন বানান

রাধিকাসম্বাদ

কুরুযুদ্ধে কোন পার্ট ছিলে কোন কোন সিনে
জানার দরকার নেই শিলা দারুমূর্তি বিনে
রাধিকার প্রেম দেখি অনার্য লুচ্চামি ভণ্ড
আয়ান কি ভেঙেছিল ঘর না হয় কাকোও
রাধিকা কুলটা মাত্র আইহনে ব্যথিত ভারতই
সংসার ভাসিয়ে অভিসার রাধাই অসতী
ভাইবোন যেই হও নরনারী মন্ত্র হ্রীং ক্রীং
কাঁপে না কাটতে গলা কারণটা অনার কিলিং

জয়দেব খেলো বাঙালিকে বেহুদা রসিক
নিমাই নিতাই মিলে হলো আরও তামসিক
দেশের পুরুষগুলো যেন হেনপেকড ত্রৈণ
আর্যাবর্তে রাধাভাব ত্যাজ নহিলে স্বেরিণ
পূজ হনু মনু আর রাম সহি হিন্দু হতে
হিন্দুপূজা চায় রাষ্ট্র রাধাকে কবরে পুঁতে

শূন্য বিকেল

ফিরে এসো গোধূলির একা ল্যাম্পপোস্ট
আকাশকুসুমে আলো আর জাদু ঠোঁটে
এক পলকের তীব্র শিসে তুমি মোস্ট
ওয়ান্টেড ছ্যাবলামি সেরে ফেরো গোঠে

গাও বিকেল বেলার একা ফেরা ট্রাম
ডিপ ফ্রিজের আইসক্রিম তুলে রেখে
গানপাখি বেঁধে রেখে ইচ্ছুক পেরেকে
সন্ধ্যাবেলা ধ্রুবতারা ওঠে অবিরাম

তবু দুপুরের রোদে বাজে কলিং বেল
তখনও বিকেল ফিকে হয়নি চোখ বোজা
আমাদের কুঞ্জবনে অহিংস দরোজা
একা ঘরে পুড়ে গেছে বিছানা আপেল

ধূর্ত চোখ দেখে নেয় বিমূর্ত ছিটকিনি
বিবর্ণ শূন্য বিকেল পরেছে বিকিনি

ট্রাপিজ

এই তার নভোচ্যুত পাতালের ঘর
আকাশে ট্রাপিজ খ্যালো পানে বেশি চুন
সবশেষে জোটে এক বসতি ফাঁপর
এরই সাথে জমে তার পিরিতি আগুন

সেই গানে ছিল আঁকা আসমুদ্র ঢেউ
কাছে গেলে পেয়ে যেতো পরমান্ন ঘ্রাণও
ছেনাল বলেই তাকে চিনে রাখে কেউ
শব্দভেদী বাণে হাত লাগায় এ গানও

গোত্রখাকি বিছানায় এ জাদু দোসর
খেলা শেষ হলে পর দুর্ভিক্ষ বিথার
ঠিকানা হারায় আর পরশ পাথর
দাঁড়িপাল্লা জানে শুধু দধীচির হাড়

এ শ্মশানে ধারদেনা শেকড়ে বাকড়ে
হাড়মাংস চণ্ডালিনী জীবন মাখো রে

হাওয়ামোরগ

শূন্যের ভেতর মৃত শব্দ নিজের আগুনে পোড়ে
নীরবতা মানে হাত তোলা গতস্য শোচনা জেনেও
অসহ্য দহন থেকে ঘুরে ফের পরকীয়া খোঁড়ে
মাংসের দোকান বাঁচে বিছানার লাস্যে বাঁচে কেউ

ঘড়ি থেকে ঝুলে থাকে গাছ ও নিহত নদীর রতি
বন্ধ্যাকালে বাজারের চিত্রিত গলিতে চোখ ঘোরা
শবদেহ ফুল বেশ্যা নিরাকার হয়ে আছে যতি
মাথা খুঁড়ে দিনপাত ধূম্রমান চিতা নিয়ে ওড়া

গাছের পাতার রঙে শোনো ফেরারি ধ্বনি সঞ্চিত
যেখানে বিছানা পেতেছিলো সেই অসম্ভব রাত
গোপন সম্রাট এসে মড়কের হাসি হাসে মিত
চোখ তবু জেনে নেয় লক্ষভেদ কোথায় আঘাত

গ্রন্থি জানে তীব্র স্বাদ গত জন্মের অমৃত সখ
এ জন্মও ছলনা নয় লাশ হয়ে ফুটেছে গন্ধক

খাম্বাজ

মুঠো মুঠো ধুলোবালি এ প্রান্তর নির্জলা নির্দয়ও
শীর্ষ থেকে ছড়িয়েছে শিকড়ে বিষভাঙের তরল
শুষে নিতে চায় সব নদী ও কবির বরাভয়ও
দাঁড়িপাল্লা চেপেছিল যাঁরা এখনও মাপছে জল

দুপাড়ে দাঁড়িয়ে সময় বড়ো বেশি খল নির্ভুল
ধান্যভূমি মনোক্ষেত্র জুড়ে খোঁড়ে আপদের খনি
মতিছন্ন তুচ্ছ লোক তুলেছে দেখো ক্রূর আঙুল
বালিকার দোপাট্টায় ঢেকে দিচ্ছে দ্রৌপদীর যোনি

ভূশণ্ডির মাঠে বাজি খেলছে ভ্রষ্টস্বপ্ন বৃকোদর
দেবালয়ে আচ্ছাদিত ছায়া চুপচাপ মারণী কল
আচ্ছেদিন সচ্চেদিন ঢাক বাজে হাটে বাড়ে দর
মরা মাছ চোখে তার সাঁতারের ফাজিল কাজল

এইসব দেখে শুনে কালসজ্জা খুলে ফেলে লাজ
যতই গারদে পোরো শুরু হবে মগজে খাম্বাজ

ধান্যকথা

আমাকে খেয়েছ খাও এ মাটিতে জল দাও খেয়েছ হবিষ্য
আদিম সন্তান এসে মগজের বীজ ঠেসে বুনেছে ভবিষ্য
নদীর ওপারে গাছে ডালপালা ভরে আছে আশ্চর্য বকুল
পুকুরে দুপুরঝাঁপ মারে পঞ্চায়েত খাপ ভয় নেই শূল

কন্যে হন্যে হয়ে ছোটে ছেলেটি বিরসা বটে অরণ্য শুশ্রূষা
দেয়ালে সরল আঁকে এ জীবন দুই বাঁকে পরম বেশভূষা
নদীর নাব্যতা জানে কাঠি কত রক্তস্নানে গড়েছে দেয়াল
কুর্সি কেচ্ছা স্বচ্ছতার কী জানে মর্ম চাষার সূর্য খায় কাল

কুমীরে খেয়েছে দেশ রাষ্ট্র ধরে ছদ্মবেশ দুখীর দুয়ারে
দুচোখে মারণী মেশা রক্তে পুরনো নেশা সুদ জমে আড়ে
জীবন অতল হয় কোথায় অজানা ভয় কে শুধুই খল
কুর্সি জানে কথা বেচা আমরা খালি মরা বাঁচা শুধুই দখল

মাথার উঠোন জুড়ে রেখেছি রতনে মুড়ে রোদে মাখা ধান
গোলা ভরা সুখ দুঃখ আমাদের দুই অক্ষ বারুদবাগান

চণ্ডালের খেলা

উদয়ন পণ্ডিত

সময়ের দাবি বলে থাকে কিছু দায়
কবিতার প্ররোচনা সেও এক উপায়
এমন সন্ত্রাসদিনে কে এগোবে একা
কবি শুধু জেগে থাকে বাকিরা তো ন্যাকা

কে কবি কী সংজ্ঞা তার প্রতিষ্ঠা প্রতিজ্ঞা
পালন সামনে যখন রক্ত অভিজ্ঞান
কলসির কানা হলে কথা ছিল প্রেম
বানিয়েছো দেশজোড়া মস্ত এক ফ্রেম

সেই ধাঁচে সব নাচে বণিক ও পিশাচ
সদাগর গিলে নিচ্ছে জনতার আঁচ
সার্কাসে ট্রাপিজ খেলে সে খেয়েছে নুন
মানুষের মাথার উপর উড়ছে শকুন

অন্ধকারে কবি তথা উদয় পণ্ডিত
চারণের গীতে ঢালে সুন্দর ও হিত

যে অসুখে চোখ খোলে

বল্কল খাচ্ছে আঁধার তুমি পালাচ্ছ ঘুমের দেশে
ডানার সমুদ্র থেকে জল্লাদ ছিঁড়ে নিচ্ছে রহস্য
আমরা কে কোথায় যাই বলো পরিত্রাণ দিনশেষে
মুক্তির বাতাসে তবু নতুন দরোজা আর শস্য

বকধর্ম নিয়ে শকুনি মেতেছে খেলায় জনে জনে
দীক্ষা নিচ্ছে কুরুসেনা মাটি আজ ভিজেছে শোণিতে
ভব্যতা বাহানা মেনে হবু গবু অস্ত্র আচ্ছাদনে
ত্রিশূল গেঁথেছে তারা দ্রৌপদীর দীপালি যোনিতে

আসমুদ্র হিমাচল একই খেলা খেলে যাচ্ছ যারা
মুণ্ডহীন মিছিলের অগ্রভাগে গেরুয়া রূপ ধরে
আমাকে বেঁধেছ বিষে তবু ভেঙে ফেলব কারা
যে অসুখে চোখ খোলে কম্পমান সারা দেশ জ্বরে

হাতকড়া দিচ্ছ দাও আমারও আছে কামান গোলা
যে মাটিতে পুড়ব আমি ঘরে ঘরে ফসল তো তোলা

হেঁশেল

আমার হেঁশেল জেনো খিদের আরামই
আমাদের রান্নাবাটি প্রেমের জ্ঞাপন
কী রাঁধব কে খাবে সেও ঠিক করব আমি
ছেঁড়া কাঁথা দুঃখকথা মৃত্তিকাযাপন

এ উঠোনে ভোর হলে চোখগুলি খোলে
কপালের দোষ নয় জানে কথা খাস
শ্রমেঘামে দেবতায় মান্য ধান্য ফলে
তাই ডোম ডারউইনে নিয়েছে নিঃশ্বাস

চোখ রাঙাচ্ছ রাঙাও কী বা দেবে বলো
স্তোক আর ত্রাসে কুর্সি অজস্র অধর্ম
মন কি বাত নিতান্তই গূঢ়তম ছলও
প্রতিটি উঠোন জানে নেই দেহচর্ম

এইবার দেখে নেব কার কোথা চিতা
বণিকের রাষ্ট্রবল চণ্ডালী কবিতা

হত্যাকাহিনি

অথচ বিকচ চোখে ধরা ছিল আলো
মায়াঘেরা ঘরদোর আগুন কে জ্বালো
মাথার ভেতর শুধু হিমচরে ফেরা
গোপন আঁধারে ফেরে ছুরি হাতে এঁরা

ঘোষণা করেছে রাজা মুখশুদ্ধি খেয়ে
আতস নদীর ডানা ভাঙে অলপ্প্রেয়ে
বিরোধিতা করেছিল উচাটন জনা
সংবাদলিখনে তার উড়ে যায় ফণা
কুয়াশা নিগূঢ় হিম রাত অনাবৃত
জলহীন পদক্ষেপে বিরাম বিস্মৃত
পাতারা জেনেছে তার কিছু কিছু শিস
যার কোনো মুণ্ডু নেই পিছু অহর্নিশ

চিতা চাটে নিত্য রাজা ভীষণ আগ্রাসী
আমাদের লাশে হোক মূঢ়ের বিনাশই

হেঁতালের লাঠি

এই সেই মরা নদী যার বুকে পড়েছিল লাশ
অনেক সন্ধান শেষে পেয়েছি হত্যার অভিলাষ
মাথাগুলো কিনে নিয়ে পুতুল নাচের সদাগর
দেশে দেশে বেচে দেয় জীবনের সদর অন্দর
সদাগর জানে না কী অসম্ভব মানুষের মান
যেখানে মরেছে তারা সেখানে গজায় আশমান
যে বীজের মৃত্যু নেই সেই বীজ বোনে এই দেশ
সনাতন ধর্ম জানে বিবিধতা বাঁচার আদেশ

এ সদাগর চাঁদ নয় মনসার পাতাল দোসর
হেঁতালের লাঠি পেলে ফেরাবই লখার বাসর
জিতে নেবো সপ্তডিঙা মধুকর আর যত মৃত
তোমারই হাতে রয়েছে আমাদের বাঁচার অমৃত
যাঁরা ছিলে চণ্ডালের অভিযানে ভেলার নাবিক
সব মৃত্যু গুণে নেবো বুঝে যাবে কারা প্রাত্যহিক

চণ্ডালের খেলা

এখানে আজন্ম শব কথা বেচে খায়
এপারে শ্মশান কার কৃপাণ কাঁপায়
হুস বললে রক্ত মেখে পড়ে যায় পাখি
একা হেঁটে নদীখানি খোলে তার আঁখি

চুপ থাকা শ্রেয়তর সকলেই বলে
সে বিকল অগ্নিশম পরম ছোবলে
ছলের ভিতর দিয়ে দেখায় পাহাড়
ঢলে পড়ে কলরব রাষ্ট্রের আহার

নাব্য নয় বলে নদী সখ্য থেকে দূর
ফোলানো বেলুন নিয়ে তোরাই বেসুর
হাইটেক ম্যাজিক জানে কোথায় কামড়
চোখ খুলে দেখে ডোম রাত্রি তোড়ফোড়

থাক তবে দিনকাল এলোমেলো মেলা
ভণ্ডুল আকাশ নিয়ে চণ্ডালের খেলা

কালকেতুর প্রতি বুলান মণ্ডল

(কবিকঙ্কণচণ্ডী মনে রেখে)

আমার নগরে বেস যত ইচ্ছা চাষ চষ তিন সন বহি দিও কর
কিরাত নন্দন তুমি দান দিলে চাষভূমি সেলামি আপত্তিকর
বন্ধ হৈল তোলাবাজি ডিহিদারি বন্ধ আজি ভয়মুক্ত প্রজা চাঙ্গা
হাট হৈল মানবিক কেহ নহে দানবিক কেহ নাহি লয় পাঙ্গা
হেনকালে সদাগর ভাঁড়ুদত্ত বংশধর চাওয়ালা গুজরাতি
বলিল ভারত গড়ো আমারে গড় করো রাষ্ট্রীয় সংঘের বাতি
হৈল নোটবন্দী সবে মুরারী বণিকে রবে প্রজাপ্রাণ ওষ্ঠাগত
চাপিল জিএসটি এবে ডাকি বলি হাম্বারবে ইসলাম বহিরাগত

তাই তাগো কাটে গলা বন্ধ হৈল কথা বলা আড়ি পাতে সবখান
ধানাইপানাই কইর্যা শৃগালের হুক্কাহুয়া স্বচ্ছ ভারতনির্মাণ
সদাগরে কালোধন লৈয়া ভাগে বিলাতন তেনাগো অশেষ ছাড়
বেটি বাঁচাও ধ্বনি দিয়া বেটিরে পিষিয়া দিয়া ভাঙ্গে মারিয়া আছাড়

বুলান মণ্ডল কহে যাতনা আমারে দহে কী হবে কহ কালকেতু
শ্রীচণ্ডালের বাখান নাহি সূত্র সমাধান বিনা যুদ্ধে নাইক সেতু

আহার

আহার্য প্রস্তুত প্রভু সিংহাসনও খালি
সমর্থন ঢাকঢোলে পর্বতপ্রমাণ
বিধর্মী নৃমুণ্ড এবং নৈবেদ্য কাঁঠালি
শোভে বগি থালে তুমি উঁচা আসমান

অন্তরে গেরুয়া সুর চেয়েছিলে তুমি
দিনশেষে বেচাকেনা হয়েছে বিস্তর
ধুয়ে মুছে সাফ করে রাখা মনোভূমি
বিরোধের নামমাত্র রাখিনি অন্তর

গৌরী লঙ্কেশ অথবা আর যত ভবী
কীভাবে কাহাকে খাবে শিল্পী কিম্বা কবি
আচ্ছে দিন যে না মানে বিশ্বাসঘাতক
সহিষ্ণুতা মস্ত ভুল অমিতই জাতক

এ দেশ স্বর্গ হলেও অনাহারই ধর্ম
মূর্খের স্বর্গে নরেন্দ্র জানে কৃষিকর্ম

ছিন্নমস্তা

(ভারতচন্দ্রের অন্নদামঙ্গল কাব্য স্মরণে রেখে)

খড়্গে কাটি নিজ মুণ্ড ধরি করতলে
পান করে নিজ রক্ত অস্থিমালা গলে
পদ্মবীজকোষে দেবী হন বিপরীত
গুজরাতি সদাগর থর থর চিত
দেবী দেখি দামোদর হইলা কম্পিত
মার্কিন দেশেতে গিয়া ট্রাম্পে করে মিত
ডাকিনী বর্ণিনী সহ ছিন্নমস্তা রুদ্রা
দেখিয়া উপায় ভাবে নরেন্দ্র বিমুদ্রা

করণ করিয়া দেশে ফিরাবেন চিত্র
বিদেশি বণিক সবে হইলেন মিত্র
দেশের আহার বড় মহংগা হইল
দেবীর আহার রীত সূত্র খানি দিল

কাটা মুণ্ডে শোভে কিবা অগ্নি চন্দ্র সূর্য
ত্রিনয়নে অস্ত্র লেখা কাব্যের মাধুর্য

গাছ

বেচাকেনা করছ করো গাছটিও দেখে যাচ্ছে চুপ
এ ভেলকি অচেনা নয় চলে আসছে বহুকাল ধরে
মাথাটি বন্ধক দিলে প্রভুপাদ খুশিতে নিশ্চুপ
অনেক পেয়েছো মাথা আরও আছে প্রস্তুত ঘরে
পতঙ্গ আসঙ্গ করে শর্করার লোভে ঠোঁট চাটে
অন্ধতা জেনেছে কুরুপ্রান্তর কী দিয়েছে রোখ
দ্রৌপদী ও রাধিকার শোকশয্যা মাঠেঘাটে
সকলেরই চোখে দেখি জিঘাংসামত্ত খুনী ধর্ষক

ফাঁদে আর ব্যাধে মিলে স্বাভিমান করেছো হনন
এবার মরার আগে মগজে গন্ধকের খনন

আমাদের গাছটিও শিখে নিচ্ছে প্রকৃত বাঁচন
ফুলে ফলে শাখা ভরা ডালপালা পাতার নাচন
ইতিহাস জানে কারা আগুন দিয়েছিল সংবাদে
পরম উদ্ধার হয় লোকায়ত গাছের আবাদে

যৌথ খামার

কৌটা খুলি গ্রাম্যবধূ যত্নে দিল ফোঁটা
সীমান্তে ধর্ষিত হলো গঞ্জ ভাগে গোটা
ঘরে দোরে ধর্ষকাম কী হবে উপায়
ধর্মপথে কাঁটা দিয়ে ধর্মধ্বজী পালায়
সরমা সাবিনা যত লাশ হয়ে ফেরে
পদ্মজ ছাতার নিচে মত্ত হয় এঁড়ে
ধর্ম মানে মনুষ্যত্ব একা জেগে থাকি
তোরা কেন দূরে বসে আয় বাদ বাকি

রক্ষকুলে জন্ম নিয়ে যুদ্ধে নই পিছপা
আমার লড়াই জেনো মগজেই ছুপা
শকুনির চোখ খোঁজে নিপাতনে দক্ষ
কবি জানে সমুদ্দুর পার হয়ে মোক্ষ

এ মোক্ষ ভারততীর্থ তোমার আমার
সুন্দরে দর্শনে হবে এ যৌথ খামার

মণিহার

আর কত শুল্ক নেবে দিয়েছি ভক্তি অনিঃশেষ
জরা খরা মৃত্যুদণ্ড কথা বললে হাতে হাতকড়া
এদিকে বলছ জিও জীবন খুঁজলে হত্যার আদেশ
পাশ ফিরলেই ধাতানি বন্ধ করছ সব নড়াচড়া

আড়ি পাতছ সবখানে অসবর্ণ হলে নিষেধাজ্ঞা
রেখা ওয়েডস মীর খুবলে নিচ্ছ রেখার যোনি
তাতেও কি রক্ষা আছে শিরোধার্য সম্রাটের আজ্ঞা
জ্বলছে রেখাদের বাড়ি ধর্ষকই খাচ্ছে ক্ষীর ননী

যে সাপ পুষেছ তার আছে শুধু তীব্রতর বিষ
সোনার এ দেশ নীল, জনতা পুড়ছে অহর্নিশ
যে যন্ত্রে বাজাচ্ছ মন্ত্র না গাইলে গুঁড়ো হবে হাড়
এমন আজব গান তোমরা বলছ চমৎকার

ছোবল মেরেছো মারো আছে নিউটনি তৃতীয় মার
আমার আর কী আছে বুক পেতে নেবো মণিহার

হারজিৎ

চালাক সেজেছো ভারি ছদ্মবেশও খুলছ দ্রুত
সনাতন বাহানার বিষ দেশও ক্রমে উপদ্রুত
নির্বোধের ছল থেকে তোলো অতীতের লাশ
চারিদিকে একই সুরে ধর্ষকামের উল্লাস

সন্ন্যাসের অন্ন মাখো অসংখ্য শিশুর শ্বাসে
ঘোড়াবেচা খুলে আম চেয়ার বাঁচে আশ্বাসে
তোমার চুরিচামারি সবই নিতান্তই কাঁচা
ভারতের ইতিহাস জানে সংঘারামে বাঁচা

আমাদেরও পথ আছে শমিবৃক্ষে ধরেছে তা
বোধের ভেতরে ফুল জানো কী তার বার্তা
সেই ফুলে জাদু আছে আর বাঁচার আরাম
যুদ্ধ থামে না কখনো মরে শুধু নিমকহারাম

এ যুদ্ধে এসেছে যারা লিপিতে আগুন দিয়ে
দেবতা অক্ষয় হয় ভিতে কাঁপন ধরিয়ে

ধ্বনি ও বাক

এ দেশে বাস করতে বড়ো গা ছমছম করে
গলায় ফাঁস জড়িয়ে কখন ধর্ষক চড়ে
কারা দলিত পীড়িত কারা গোপন ঘাতক
পথের কুকুরও জানে সত্যিটা কারা পাতক
মন্দির মসজিদ সিঁড়ি ষড়যন্ত্রী গদিয়ান
এরাই লুটেরা মারি মড়কে করে আহ্বান
রক্তে ভাসে মুখ নখ দাঁত ছলনা বাজিয়ে
এ দেশ ছিবড়ে করে গুহার আঁধার দিয়ে

আমরা উপায়হীন বটে তবু কি নিরুপায়
আমাদের অঙ্গুলি দেখো কী ফুল ফোটায়
আর আছে রঙতুলি কণ্ঠভরা সামগান
কবিতার গোলাগুলি এও বোফর্স কামান

পলাশে আগুন দিয়ে অশোকে মাখিয়ে ফাগ
আমাদের জাগরণ অতন্দ্র ধ্বনি ও বাক

ব্রতকথা

রেহেনা পারভিন আর তন্ময় বিশ্বাস
এক শয্যা আলো করে তাই হচ্ছে লাশ
আমরা দেখি দ্বারপ্রান্তে সুন্দর জাগ্রত
জ্যোৎস্না মাখা গ্রন্থ নিয়ে আমাদের ব্রত
গারদে মুক্তক চিতায় স্বাধীন চিন্তা
হননের দেশপ্রেম নাচে দেশে ধিন তা
বাবরি গোধরা আরও কত ভাঙো সৌধ
আমাদেরও রক্তে আছে গড়ার ঔষধও

যে ফুলে আগুন ফোটে নতুন বসন্ত
সে আগুনে ছাই হবে জানে জনমন তো
ঢেউ নদী ফুল পাখি সশস্ত্র ঝকমক
তুমি হলে সেই ধর্ম যারে বলি বক

আবাগির ঘরে জন্মে রেহেনা তন্ময়
রাষ্ট্র বোঝে সিসা শুধু প্রেমে বিশ্বজয়

মীমাংসা

শ্মশানে একলা বসে চণ্ডালের দুচোখে
দুই নদী থেকে ভেসে আসে হিম বাষ্প
নির্বাপিত চিতা কাঁপে অজস্র আলোকে
একটি প্রজাপতি ওড়ে কী অনাবশ্যক
চণ্ডাল পাঁজরে রাখে পাশে নিম গাছ
পাখিগুলি গান গায় মেঘ নামে সুরে
প্রার্থনায় রক্ত ঝরে অপাপবিদ্ধ কাচ
চারপাশে নেশাখোর জাতপাত মুড়ে

চণ্ডাল আকাশে চোখ তোলে তারারাও
সাড়া দেয় হিমপাত শেষে পাহারাও
এ চিতা নিভিবে কবে ভাবছে চণ্ডাল
বাঁচামরা স্বয়ংসিদ্ধ জেনেছে কাঙাল

সে জানে কার কী অস্ত্র শেষ জিঘাংসার
সশস্ত্র সজ্জিত সেও কাব্য মীমাংসার

শস্ত্রসম্ভার

এ বাগানে ওড়ে ঢের রাঙা প্রজাপতি
ডালে ডালে জুঁই চাঁপা গোলাপ বকুল
মালিও যত্নে লাগায় যেন গজমোতি
এই নিয়ে আমাদের বসতি বিপুল

বাগানের ধারদেনা বাগানই শোধে
কেউ কারও ফাঁদ নয় ব্যাধে কিম্বা বোধে
ফুলগুলি ছুঁয়ে থাকে মাটিতে আকাশ
মায়াঘেরা রূপটান স্বপ্নেও সুবাস

হঠাতই কাননে এক বিরাট দোহার
সব ফুল পায়ে দলে রক্ত ভাসে মার
বুকে ছেঁড়ে নাড়ি ছাঁচে ঢালে অবিকল
মুক্তকে অমিত্রাক্ষরে পরায় শিকল

এ দোহার হত্যাকারী মুখে বাণী জিও
ফুল পাখি নদী গানে সশস্ত্র আমিও

প্রণতি

শূন্য কুম্ভ তবু তার চোখ ভেজে জলে
স্রোত থেকে নৌকা সরে বিপদে কে ছলে
এ মাঝি জেনেছে ত্রাণ কেবল অগাধ
পিপাসায় মরুবুক কে বোঝে বিষাদ
বণিকছায়ারা মারে দেশজোড়া ভাঁও
শিরশ্ছেদেও অটুট সে রতিক্রিয়াও
শিয়রে প্রস্তুত ফাঁসি বেপরোয়া ডোম
সব চিতা নিবে গেলে জেগে থাকে হোম

আমাদের বাঁচা মরা আহূত যে গাছে
মান আর গান শুধু ফুল হয়ে বাঁচে
পদচিহ্নে পথ হয় যারা মানবিক
তুমিই হা-ভাতে চোর ছলেছ খানিক

গাছেদের শঙ্খধ্বনি পরম জাগ্রত
কালি মাখা হাত ভেঙে আমরা প্রণত

ইতিহাস

উপড়ে ফেলেছি কিছু কিছু আছে বাকি
শিকড়ে বাকড়ে ঢেলেছিলে উষ্ণ জল
বিবিধতা বিদ্ধ করে শিখিয়েছ ফাঁকি
করতলে আঁকা আছে কাহিনি সজল
রক্তের শুকনো দাগ মাটির গভীরে
সত্য ও মিথ্যার মাঝে হয় নাকো সেতু
জেনেই নিয়েছি পাঠ জনতার ভিড়ে
জানাবো কোথায় বিষ ধ্বংসের হেতু

এসব নিহিত কথা বলেছে যে লোক
প্রলাপ বলেছো তারে আসলে আলোক
গারদে রেখেছো মিতে সেটাই সহজ
সিঁধ কাটা জেনে নেবে তামাম মগজ

অস্ত্র শানাচ্ছ শানাও পাগলও প্রস্তুত
প্রলাপে ফুল্ল কুসুম তুমি একা ভূত

চণ্ডালের এপিটাফ

ঢের দিন হয়ে গেল এসব অযথা
মাজাঘষা করে তোলা নান্দনিক কথা
দুধ থেকে ননী তোলা অতি সূক্ষ্ম বাক
গূঢ় থেকে গূঢ়তর কেবলই মৌচাক
অতিরিক্তে মধুমেহ ভারসাম্যে সয়
বাকসামর্থ্যের কাছে নিয়েছি আশ্রয়
সোজা পথে হেঁটে দেখো কী হলো আবেশ
নিভৃতির সাধনায় ভেসেছে এ দেশ

একা সাজিয়েছি মড়া যত ছিল চিতা
এবারে পোড়াবো তোকে কী জাদু কবিতা
যা লিখেছি আগুনেই খেয়েছে চণ্ডালে
ধিকিধিকি চিতা জ্বলে দিকচক্রবালে

অকালমৃত্যুর নেই কিছু মাত্র ক্ষমা
চণ্ডাল বুঝেছে হেথা অমা কি পূর্ণিমা

ইতিহাস / ২

ব্যঞ্জনা দ্যোতনা যত ধারালো ফুরালো
অতল আকাশ বলে কিছু আর নেই
নিভৃতির ব্যক্তিগত সবই খোয়া গেলো
গৌতম রবীন্দ্র সহ বিদ্ধ অনেকেই

দাড়িতে মাখিয়ে হাসি বণিক স্বদেশি
পণ্য করে ধান্যক্ষেত্র আর যত খনি
কুমীরের গ্রাসে ঢোকে জনতা উপোসী
দেশ তবু রাষ্ট্ররূপে ভোটভয়ে গণি

সিস্টেম রোবট মাত্র বাঁ-হাতে রিমোট
সমরতর্জনী তার তাক করা দেশে
মানুষও আজ গর্জিত অন্য ধারা জোট
এ বাখানে রাষ্ট্রপ্রীতি ব্রাত্য অবশেষে

আসলে তো বাঁচা মরা জেনেছি সবাই
ইতিহাস রচনা হোক নতুবা জবাই

শাস্তি

এখানে জীবন ওড়ে ধন্যি মেঘের চুলও
এখানে মেলা উৎসব আনন্দ রোশনাই
এখানে সঙ্গীতে সুর দোয়েল কোকিলও
এখানে নদীর বুকে নিশ্চিন্ত নৌকায়
এখানে বট পাকুড় আরামের ছায়া
এখানে মায়ের কোলে নিদ্রাতুর শিশু
এখানে নারীর বুকে অবিকল মায়া
এখানে জনতা কাঁদে চোখে জল যিশু

তবু কেন খুদকুঁড়ো খোঁটে এই দেশ
এ দেশে ক্ষমতা শুধু বণিকী আদেশ
এ দেশে ধর্মও পুজি মানুষ লা-পতা
সেবকের বাহানায় লুটেরা ক্ষমতা

কাল ছিল ডাল খালি আজ ভরবে ফুলে
এ কথা বলছে বলেই কবি আজ শূলে

বাকি আছে কিছু

পকেটে পয়সা নেই আকণ্ঠ মত্ততা
চিতার আগুন থেকে জ্বলে ওঠে বিড়ি
যারা শুধু ভেক ধরে দিন রাত তোতা
চণ্ডাল ভণ্ডুল করে তাঁর যত সিঁড়ি

শ্মশান নিস্তার নদী রয়েছে পাশেই
চণ্ডাল আকাশে চায় ফুটে ওঠে তারা
রণচণ্ডী মুণ্ডমালা মূর্তি ধূম্রকেশী
চণ্ডাল সঙ্গীত রচে প্রাচীর পাহারা

চণ্ডাল যে মদে মত্ত হবে সর্বনাশ
ধূলায় গড়াবে মাথা পালাবে ঘাতক
চণ্ডালের হাতে আছে অস্ত্র এক খাস
সুন্দরসাধনে মুক্তি মগ্ন আজ তক

সার্কাস ভাঙার পরে ফেউ ডাকে পিছু
চণ্ডাল দেখাবে খেলা বাকি আছে কিছু

বংশধর

বিরাট পুরুষ তুমি সংস্কারের আড়ত
বেটি বাঁচাও জনধন স্বোয়াচ্ছ ভারত
দারুণ সুরক্ষা জানে তামাম বালিকা
যোগীও রোমিও পিটে গো-রক্ষা চালিকা
কালো টাকা সাদা করে ভাগেন বণিক
রুজিহীন জিভ ঝোলে পুজির স্বস্তি ক্ষণিক
খাবে শোবে দেবে নিবে মাজাকি জিএসটি
শ্রমিক কেরানি যেই হও খাবে কেসটি

দেখেছি বিরাটে হাত নাড়া দাড়ি মুখ
বাড়ি ফিরে গেছে তারা যাদের অসুখ
এ ব্যাধি সারে না কিছু গণতন্ত্র সীমা
বাঁচার অছিলা শুধু বানায় প্রতিমা

জার্মানি ইতালি জাপ সবই পরম্পর
অমিতবাহিনি দেখি তারই বংশধর

ছিলা

চণ্ডালের চোখে নিদ্রা নেই রাত্রিও নিশুত
জলে ভেসে যাচ্ছে কার লাশ কে চিতা জ্বালালো
কোন পলাশে ও লাশ ফুটেছিল মুণ্ড মালো
কাঠকুটো ভেসে যায় নদী তুমিই আহূত

মেঘ খসাচ্ছে চণ্ডাল ঘরে কে কাঁদছে একা
দিগন্তের ক্যানভাসে ভেঙে যায় রঙদানি
কলসি চুলো ছুড়ে দিয়ে ছুটে আসছে টিলাখানি
চণ্ডাল তাকিয়ে দেখে কাঁদে সনকা মেনকা

ক’খানি চিতা সাজাতে হবে জানে না চণ্ডাল
হিম হাওয়ায় কাঁপে তার আজন্ম শরীর
এ শ্মশানভূমি শূন্য আর আগুন আকাল
কে দেবে মুখাগ্নি আর কারা ফিরে যাবে নীড়

ভাঙা কুণ্ড জলহীন শুধু তৃষ্ণা অনির্বাণ
চণ্ডাল একা জোড়ে চিতা না ছিলা টানটান

তর্জনীর রোদ

নির্জন নিয়েছে ধুলো পথের শরণ
ব্রহ্মকমল ফুটেছে তাঁরই অকারণ
ধড়মুণ্ড ছিন্নভিন্ন এদিকে পাতাল
স্তরে স্তূপ জমে আছে নখর ভয়াল
চাঁদ নেই নৌকারঙ ফিকে চালচুলো
অনন্তের পথে তবু রাত জাগা নুলো
এ যাত্রা তুফানি স্বর তর্জনীর রোদ
মায়াশঙ্খ ভাঙে কার প্রাচীন গারদ

গড়িয়ে পড়েছে রক্ত হিমানী প্রহর
তবুও জন্মের ক্ষত খোঁজে সহচর
পদতল গাছ হয় কিম্বা অশ্বারোহী
মাথার মুকুট জ্বলে বিষাদবিরহী

অক্ষর অশুভ করে যত চোর ঠক
উৎসর্গ জেনেছে জয়ী হাজার পাঠক

 পেশায় সরকারি কলেজের অধ্যাপক। স্কুলজীবন থেকে লেখালিখি এবং পত্রপত্রিকা সম্পাদনার শুরু। অথচ প্রখরভাবে প্রচারবিমুখ। অজ্ঞাত কারণে দীর্ঘ প্রায় দুই দশক যাবতীয় লেখালিখি থেকে স্বেচ্ছানির্বাসন নিয়েছিলেন। সম্প্রতি আবার তিনি কবিতায় ও গদ্য রচনায় ফিরেছেন।

অধ্যাপক শিবশংকর পাল-এর প্রথম কাব্যগ্রন্থ 'নৃমুণ্ডমালিকা'। 'ভুবনডাঙায় মেঘলা আকাশ' কবির বেশ কয়েকটি বইয়ের মধ্যে একটি উল্লেখযোগ্য গদ্যগ্রন্থ। প্রবলভাবে তিনি সমকালের প্রতিটি ধুলোকণা পর্যবেক্ষণ করেন। সমাজসচেতন অথচ নির্জন মানুষ। সে কারণেই হয়তো কবিতার নিরুদ্দেশ যাত্রায় সামিল হয়েও তাকে নির্মমভাবে হত্যা করেন তিনি। সেই হত্যালীলা নিয়েই লেখা হয়েছে তাঁর দ্বিতীয় কবিতার বই 'চণ্ডালের খেলা'।

9 789385 782428